Thèse

Pour le Doctorat

Antoine-Albin J.-M.-M.-R. Félissié de Rausas

Des justes noces en droit Romain

De la quotité disponible en droit Français

Toulouse.

1874.

A MON PÈRE, A MA MÈRE.

A mon Oncle M. le Président GARISSON.

FACULTÉ DE DROIT DE TOULOUSE.

DES JUSTES NOCES
EN DROIT ROMAIN.

DE LA QUOTITÉ DISPONIBLE
EN DROIT FRANÇAIS.

DISSERTATIONS
POUR
LE DOCTORAT,

Présentées à la Faculté de Droit de Toulouse,

PAR M. PÉLISSIÉ DU RAUSAS (ANTOINE-ULLIN J.-M.-M.-R.),
AVOCAT.

TOULOUSE,
IMPRIMERIE BAYRET ET Cie,
RUE PEYRAS, 12.

1854.

DROIT ROMAIN.

DES JUSTES NOCES.

Tous les peuples ont, en général, regardé le mariage comme l'acte le plus important de la vie; et les règles qu'on a dû lui tracer ont excité à un très haut degré la sollicitude des législateurs.

Les Romains avaient connu sa nature et son but. Ils disaient que le mariage (*justæ nuptiæ, matrimonium*), confond la vie de l'homme et de la femme dans une destinée commune (1). Ils reconnaissaient qu'il avait pour résultat d'établir la filiation; qu'il était une des bases de la famille, chose si importante à Rome (2); mais ils en ont quelquefois méconnu les effets. Ils ne voulurent pas en faire un acte public dans lequel la société intervînt; ils laissèrent ce contrat dans la classe des actes privés; et l'on peut dire que la législation romaine, en général si grande et si riche, est imparfaite en ce qui touche le mariage.

Rechercher : si les Justes Noces étaient soumises à quelque condition essentielle de célébration solennelle; quelles étaient les qualités et conditions requises pour pouvoir contracter les Justes Noces; quels étaient leurs effets quant aux personnes des époux; comment les Justes Noces étaient dissoutes, tel est le but que nous nous proposons.

Nous allons développer successivement chacune de ces propositions.

(1) Dig. *de Rit. nup.*, l. 1.
(2) D. *de His qui sui vel, etc.*, l. 6.

I. — *Les Justes Noces étaient-elles soumises à quelque condition essentielle de célébration solennelle?*

Quelques commentateurs des lois romaines ont admis que, pour que les Justes Noces fussent valablement contractées, il fallait que l'épouse romaine, couverte du voile nuptial, eût été conduite dans la maison conjugale, et qu'elle y eût été reçue avec *l'eau* et le *feu*. Ils basent cette opinion sur une loi du Digeste (1). D'autres interprètes, au contraire, ont reconnu que ces solemnités n'étaient nullement nécessaires pour la validité du mariage romain; et l'on est aujourd'hui d'accord pour reconnaître que ces cérémonies étaient célébrées, comme nous le verrons bientôt, pour la pompe et non pour l'essence du mariage.

Peut-être, dans l'origine de Rome, alors que le Droit n'était autre chose qu'une brillante poésie n'ayant d'autres bases que les usages reçus, les rites religieux de l'eau et du feu, le voile nuptial, les guirlandes qui couronnaient la tête de la jeune romaine, le repas de noces, les joueurs de flûte, les chants, et la nuit conjugale, étaient, dans l'opinion publique, intimement liés au sort du mariage. Mais lorsque sous l'influence de l'esprit rationaliste des jurisconsultes, le Droit devint une science certaine, les cérémonies religieuses ne furent plus qu'une satisfaction donnée au culte public; qu'un accessoire destiné, peut-être, à fortifier le mariage, mais non à le former.

On a commis une erreur plus grande, lorsque, pré-

(1) D. *de Don. int. et ux.*, l. 66.

nant pour point de départ les trois modes d'établissement de la puissance maritale, l'on a décidé que le Droit romain avait consacré trois manières de contracter les Justes Noces : l'*usus*, la *confarreatio* et la *coemptio*.

Cette erreur, que Pothier n'avait pas partagée, car il n'hésitait pas à croire que le mariage légitime était indépendant de la puissance maritale, cette erreur n'est plus possible depuis la découverte des Institutes de Gaïus. A l'époque où vivait ce jurisconsulte, l'*usus*, cet usage barbare qui assimilait la femme romaine aux choses, était depuis longtemps tombé en désuétude; mais la *confarreatio* et la *coemptio* étaient encore usitées et devaient se maintenir dans la législation romaine jusques sous les empereurs chrétiens. Gaïus parle de la *confarreatio* et de la *coemptio;* il dit par quelles cérémonies on arrivait à l'accomplissement de chacun de ces actes, mais il ne dit nulle part que l'une ou l'autre soient nécessaires pour la perfection des Justes Noces. Bien plus, on trouve le principe contraire écrit, en termes fort clairs, dans son premier commentaire. Il reconnait que le mariage romain par excellence, peut exister sans que la *confarreatio* ou la *coemptio* aient donné naissance à la puissance maritale, qu'il est parfait avant que la femme qui, durant une année, ne se sera pas absentée trois nuits du domicile conjugal, ne soit tombée *in manu mariti* (1).

Ulpien nous apprend les conditions nécessaires pour la validité des Justes Noces; mais il ne parle d'aucune cérémonie; il n'établit aucune connexité entre la légitimité du mariage et la puissance maritale (2).

(1) Gaïus, c. 1, § 111.
(2) Ulp., t. v, §§ 1, 2.

Plusieurs autres jurisconsultes s'occupent encore des règles du mariage, mais ils ne parlent jamais de la *confarreatio* et de la *coemptio*, comme élément nécessaire pour former les Justes Noces (1).

L'on ne peut pas non plus prétendre qu'il en était ainsi dans le Droit primitif, avant que ce Droit eut subi des altérations. Non, le § 111 du Commentaire de Gaïus que nous avons déjà cité, nous montre assez que la *confarreatio* et la *coemptio* ne dûrent jamais être nécessairement employées pour la perfection des Justes Noces. Avant les XII Tables, la femme romaine devait sans doute tomber nécessairement sous la puissance de son mari, mais cette puissance s'établissait souvent sans que le mariage eût été consacré par les cérémonies de la *confarreatio* et de la *coemptio*. *Après la perfection du mariage,* la possession durant une année venait donner naissance à la puissance maritale. La loi des XII Tables qui, sous ce rapport comme sous bien d'autres, fut une loi d'émancipation, fournit à la femme un moyen d'échapper aux effets de cette possession. En s'absentant pendant trois nuits du domicile conjugal, elle pouvait conserver son indépendance, sa personnalité distincte de celle de son mari; la *manus* n'avait pas lieu, et malgré cela, le mariage ne cessait pas d'être parfait (2).

Il n'est pas non plus possible, comme on a souvent cherché à le faire, d'établir une différence entre les mariages consacrés par la *confarreatio* ou la *coemptio* et les mariages contractés sans l'intervention de ces cérémonie. En présence de la quantité des mariages sans la

(1) D. *de Spons.*, l. 11.—*De Don. int. vir. et ux.*, l. 66.—*De Rit. nup.*, l. 5.—Paul, t. XIX, § 5.

(2) G Comm. 1, § 111.

manus, donner aux uns plus d'effets quant à la puissance paternelle, ce serait méconnaître le caractère même des Romains, si jaloux de conserver leur suprématie. Non, les Justes Noces romaines étaient indépendantes des solennités de la *confarreatio* et de la *coemptio,* tout comme elles pouvaient être parfaites, sans que la jeune romaine, couverte du voile nuptial eut été reçue dans la maison conjugale avec l'eau et le feu.

Nous venons de démontrer que la célébration des Justes Noces était tout à fait indépendante de toute cérémonie civile ou religieuse; il nous reste à établir par quel moyen on arrivait à l'accomplissement de cet acte.

La célébration du mariage romain était-elle parfaite par le seul consentement, ou bien, fallait-il encore que le citoyen romain eut été mis en possession de sa femme par la tradition? Chacune de ces deux opinions trouve encore des défenseurs, et les recueils de lois fournissent des textes qui autorisent à soutenir l'une et l'autre, et qu'il est difficile de concilier.

Ceux qui reconnaissent la nécessité de la tradition, ne voient rien d'étonnant dans cette nouvelle assimilation de la femme aux choses. La femme, disent-ils, ne pouvait-elle pas être l'objet d'une usucapion?

Ils voient dans les expressions *ducere uxorem,* fréquemment employées par les jurisconsultes romains, des motifs suffisants pour admettre cette décision (1). D'ailleurs, ils en trouvent la nécessité révélée par les textes;

(1) Il est difficile d'admettre cet argument comme très concluant, car on peut demander si cette expression *ducere uxorem,* ne s'est pas introduite dans la langue romaine, non pas parce que le législateur avait exigé la tradition, la *deductio in domum,* mais bien parce que cette cérémonie avait été introduite par l'usage dans les mœurs romaines.

le § 1 de la loi 66 au Digeste, au titre *de donationibus inter virum et uxorem*, indique que la tradition de la fiancée était une condition nécessaire pour la validité du mariage; la loi 15, au titre de *Demonst. et cond.* etc., proclame le même principe.

Le consentement ne suffisait pas, disent encore ceux qui soutiennent cette opinion, car le consentement peut se donner non seulement par paroles, mais encore par lettres, par messager (1). Or la femme absente ne peut se marier ni par lettres, ni par messager (2); donc on exigeait quelque chose de plus que le consentement : on exigeait la présence réelle, la tradition.

A côté de cette théorie, plaçons celle qui repousse la nécessité de la tradition; c'est celle qui est le plus généralement adoptée par les commentateurs. C'est celle que nous adoptons; elle s'appuie sur des textes bien plus nombreux, et en la soutenant, s'il n'est pas facile de combattre victorieusement les textes sur lesquels repose l'opinion contraire, du moins on peut les tenir dans le doute.

Le même jurisconsulte qui donnait l'autorité d'un texte à ceux qui soutiennent la nécessité de la tradition, fournit aussi des éléments propres à établir que la tradition n'était pas nécessaire. On demande : si la donation faite avant la *deductio in domum* (qui d'après les défenseurs du premier système constitue la tradition) et la signature de l'acte dotal, est valable? Scævola fait observer que la décision doit dépendre seulement de cette question : si le consentement a été donné ou non? (3) Il déclare

(1) Inst., l. 3, t. XXII, § 2.—D. *de Contrah. emp.*, l. . — *De Mand. vel. contr.*, l. 1, § 1.

(2) Paul, l. 2, t. XIX, § 8. — D. *de Rit. nup.*, l. 5.

(3) D. *de Don. int. vir. et ux.*, l. 66. *pr.*

que l'on ne doit pas s'occuper de la *deductio in domum* et du contrat dotal qui souvent n'ont lieu qu'après la perfection du mariage. En présence d'un principe si clairement formulé dans le *proœmium* de la loi, ne peut-on pas repousser la valeur de l'argument puisé dans le paragraphe premier de cette loi, d'après lequel la validité du mariage semblerait dépendre de la tradition et des cérémonies de l'eau et du feu. Ne peut-on pas contester l'exactitude de ce texte, alors surtout que ceux qui veulent s'en servir pour soutenir la nécessité de la tradition reconnaissent eux aussi l'inexactitude de la deuxième partie de cette loi? Ne peut-on pas dire que le jurisconsulte se sert, pour exprimer le consentement, des actes qui ordinairement devaient révéler son existence? Ou bien, que le cas qui se présentait était un de ceux où, par exception, comme nous allons le voir, la tradition était nécessaire (1).

En effet, la *deductio in domum* était regardée comme nécessaire pour parfaire les cérémonies qui accompagnaient ordinairement le mariage, mais elle ne constituait pas le mariage lui même. C'était un moyen de prouver sa célébration exigée, *par exception*, dans certains cas particuliers, et dans le but d'éviter les fraudes (2).

Lorsque les partisans de l'opinion contraire s'appuyant sur les lois qui permettaient à l'homme et non à la femme de se marier par lettres ou par messager, en ont déduit que l'on exigeait de celle-ci quelque chose de plus : la tradition. On leur a répondu que dans un acte aussi important que le mariage, il fallait l'expres-

(1) J. G. Com., du C. Th.
(2) J. G. C. Th. Com. VII, 12-6.— D. *de Rit. nup.*, l. 5.

sion du consentement personnel de la future; que d'après la position même de la femme dans la famille, sous l'ancien Droit, sa présence était indispensable pour avoir la certitude de son consentement. *Le père, le tuteur ne pouvaient exprimer que leur consentement propre; mais ce n'était qu'une adhésion au contrat, et non le contrat.*

L'autorité du jurisconsulte Ulpien nous fournit encore un moyen de repousser la nécessité de la tradition. Ulpien ne fait dépendre la validité des Justes Noces, que de la *puberté*, du *connubium* et du *consentement*. D'après lui, le mariage est donc parfait dès que le consentement est donné; il n'exige pas d'autre condition essentielle de célébration (1). Un texte du jurisconsulte Paul autorise aussi cette décision (2).

D'autres textes proclament encore le même principe; ils ne demandent que le consentement. Repoussant la nécessité des cérémonies, d'un écrit, de la cohabitation, ils exigent le *consensus* (3).

Nous pouvons encore invoquer les textes qui révèlent les doutes qui s'élevaient quelquefois sur l'espèce de l'union qui avait été contractée. Seuls, ils suffiraient pour prouver qu'aucun fait extérieur ne venait manifester l'intention du citoyen romain en contractant cette union. Souvent, rien ne venait révéler l'existence du mariage; on jugeait d'après les circonstances, d'après les rapports si le Romain avait voulu se donner une épouse ou une concubine (4).

(1) Ulp., t v, § 2.
(2) Dig. *de Rit. nup.*, l. 2.
(3) D. *de Dem. et cond.*, l. 15. — *De Diver. reg. jur.*, l. 30. — C. *de Nup.*, l. 22. — *De Rep.*, l. 11. — Nov. 22, ch. 3.
(4) Dig. *de Conc.*, l. 1-3. — *De Rit. nup.*, l. 24.

Nous pouvons donc dire en terminant, que si on ne peut donner comme certain, on peut du moins regarder comme très vraisemblable, que le seul consentement suffisait pour la perfection des Justes Noces; que le mariage existait indépendamment de tout rite solennel, de toute cérémonie civile ou religieuse; qu'il trouvait sa preuve dans la possession d'Etat. L'attestation des parents, des amis, des voisins suffisait pour confirmer l'existence du mariage (1).

Quelquefois cependant, on dressait un acte qui avait pour but, non seulement de régler les conventions relatives aux biens, mais encore de constater l'existence du mariage; même dans ce cas, le sort du mariage n'était nullement attaché à la validité de cet acte (2).

Nous allons étudier maintenant les changements qui furent portés par les Novelles à la législation sur les Justes Noces. Mais avant, faisons observer que quelques lois antérieures à Justinien, semblaient confusément peut-être (*licet obscurius*) indiquer la nécessité d'un contrat dotal, lorsque le mariage était contracté par des personnes de condition différente. Justinien abrogea ces dispositions et rendit au premier principe toute son étendue (3).

Plus tard, ce prince sentit le besoin de rendre manifeste l'existence du mariage. Il avait compris combien il importait à l'intérêt des familles de rendre impossible cette incertitude que la complaisance ou le mauvais vouloir de quelques témoins pouvait faire naître sur le sort

(1) C. *De Nupt.*, l. 9, 22. — *De Rep.*, l. 11. — C. Th., *de Nup.*, l. 3. — Nov. 22, ch. 3.

(2) C. *de Nup.*, l. 13.

(3) C. *de Nup.*, l. 23, § 7.

de certaines personnes. Il voulut que le mariage ne fut plus dépourvu du témoignage de l'écriture. Aussi, ordonna-t-il que les personnes qui remplissaient de grandes dignités, jusqu'à celle de sénateur et de *magnifique illustre*, ne pussent contracter mariage sans contrat dotal (1). Les autres personnes, celles qui remplissaient une charge intermédiaire, qui exerçaient une profession estimée et des fonctions honnêtes, devaient, lorsqu'elles ne rédigeaient pas de contrat dotal, faire une déclaration expresse de leur mariage, devant le défenseur de la très sainte Eglise (2). A ces seules conditions, le mariage était valablement contracté; alors seulement, les enfants issus de cette union étaient légitimes.

Justinien laissa cependant exister l'ancien ordre des choses pour les individus pauvres, pour ceux qui étaient de condition abjecte. Leur mariage put toujours être parfait par le seul consentement; on n'exigea pour eux aucun écrit, parce que ne s'appliquant qu'aux travaux de l'agriculture, ou se livrant uniquement à leur amour pour la guerre, ils ignorent les formalités qui sont ordonnées par les lois civiles. Leurs enfants naissaient légitimes quoique leur mariage ne fut pas constaté par le témoignage des écritures (3).

Tel est l'ensemble de la législation romaine sur la célébration des Justes Noces. On peut la résumer dans ce peu de mots : Avant Justinien, les Justes Noces étaient parfaites par le seul consentement. Par exception, on exigeait dans quelques cas la tradition ou un contrat dotal. Sous Justinien, il faut tantôt un contrat do-

(1) Nov. 74, ch. 4, § 1.
(2) *Idem.*
(3) Nov. 74, ch. 4, § 3.

tal, tantôt une déclaration devant le défenseur de la très sainte Eglise, et cela selon la condition des personnes; quelquefois même tout écrit est inutile.

II. — *Des qualités et conditions requises pour pouvoir contracter les Justes Noces.*

Dans la section précédente, nous ne nous sommes pas occupé des qualités et conditions nécessaires pour la validité du mariage romain; nous avons recherché seulement si à Rome la célébration du mariage était soumise à quelque forme spéciale. Nous allons maintenant commencer cette étude.

Trois conditions étaient indispensables pour la validité des Justes Noces : la *puberté*, le *consentement*, le *connubium* (1). Voyons les règles qui avaient été tracées à chacune d'elles.

§ 1er. — Pour les Romains, le but primitif et principal du mariage était la procréation des enfants; aussi, exigeait-ils, comme condition indispensable, la puberté chez l'homme et la femme qui allaient contracter de Justes Noces.

Dans le principe, la puberté n'était pas légalement fixée à une époque déterminée. Justinien nous apprend que c'était en prenant l'âge en considération et en examinant le développement du corps que l'on décidait de la puberté (2).

Cet état de choses devait être modifié. En effet, on établit bientôt pour les femmes une époque fixe; dès

(1) Ulp., t. v, § 2.—Inst., t. x, *pr.*
(2) Inst., l. 1, t. xxii, *pr.*

qu'elles avaient atteint l'âge de douze ans, la loi les déclarait pubères (1).

Les Proculéiens voulaient que l'on désignat aussi pour les hommes une époque fixe; ils voulaient que celui qui avait atteint l'âge de 14 ans fût légalement pubère; les disciples de Cassius et de Capiton soutinrent toujours l'ancien Droit, ils voulurent le maintien des anciens usages (2). Cette controverse dura jusques sous Justinien, qui, par une constitution, mit un terme à cette dissidence. Il fixa définitivement l'époque de la puberté, ce fut l'âge de 14 ans pour les hommes, et l'âge de 12 ans pour les femmes (3).

On a quelquefois repoussé cette doctrine et reconnu que le Droit antérieur à Justinien déclarait pubère le citoyen romain âgé de 14 ans, et l'on fait remarquer qu'en admettant que le mariage eut été nul dans l'origine, nul n'ayant le droit d'attaquer en justice sa validité et d'en demander l'examen, ce mariage devenait valide aussitôt que la puberté était survenue. L'on fait aussi observer la difficulté de vérifier si la puberté existait au moment du mariage qui remonte souvent à une époque assez éloignée.

Nous venons de le dire, les Romains considérant le but primitif du mariage, avaient fait de la puberté une des conditions essentielles pour pouvoir contracter les Justes Noces. Pour pouvoir contracter un mariage valable, il fallait, en règle générale, être capable d'engendrer. Cependant, les jurisconsultes méconnurent en partie cette règle; ils déclarèrent valable le mariage con-

(1) D. *de Rit. nup.*, l. 4.—Ulp., t. 20, § 15.
(2) Gaïus, Com. I, § 196. — Ulp. t. XI, § 28.
(3) C. *Quad. test. vel. cur. cess.*, l. 3.

tracté par un impuissant (*spado*). Ils accordèrent à cette union tous les effets civils des Justes Noces. Cette faveur ne fut pas pourtant étendue aux impuissants castrats; leur mariage ne pouvait produire aucun effet (1). On justifiait cette distinction en disant que l'impuissance des premiers est temporelle et guérissable, tandis que celle des castrats est perpétuelle.

L'union contractée avant l'âge de puberté n'était pas un mariage légitime; mais elle le devenait et elle produisait tous les effets des Justes Noces, du moment où chacun des époux avait atteint l'époque de la puberté (2).

§ 2. — La seconde condition essentielle pour la validité des Justes Noces, était le consentement des futurs époux, et souvent aussi le consentement de ceux sous la puissance desquels ils se trouvaient ou devaient un jour se trouver (3).

Ce consentement devait être libre; aussi, le dol ou une violence grave pouvait le vicier de manière à entraîner la nullité du mariage

Le pouvoir du chef de famille, pour si étendu qu'il fût, ne pouvait pas aller jusqu'à forcer ceux qui étaient sous sa puissance à contracter de Justes Noces (4). Cependant, cette autorité sur les personnes *alienis juris*, pouvait quelquefois influencer leur choix sans vicier le mariage (5).

Le consentement doit aussi être éclairé et refléchi;

(1) D. *de Jur. dot.*, l. 39, § 1.
(2) D. *de Rit. nup.*, l. 4.
(3) D. *de Rit. nup.*, l. 2.
(4) D. *de Rit. nup.*, l. 21.
(5) D. *de Rit. nup.*, l. 22.

aussi l'insensé ou le furieux (*furiorus demens*) ne pouvaient pas contracter de Justes noces (1).

Lorsque les époux étaient *sui juris*, leur consentement suffisait.

Cependant, les empereurs Valens, Valentinien et Gratien, et plus tard, Honorius et Théodose, par une dérogation expresse au Droit primitif, exigèrent pour la fille émancipée le consentement du père, et à son défaut celui de la mère ou des proches parents; et cela, lorsqu'elle était encore mineure de 25 ans (2).

Lorsque les futurs époux ou l'un d'eux n'étaient pas *sui juris*, ils devaient avoir le consentement exprès ou tacite du chef actuel de leur famille, et le consentement de ceux sous la puissance desquels ils devaient un jour se trouver. Ainsi, la fille, la petite-fille, etc., n'avaient besoin que de l'autorisation du chef de famille, tandis que les descendants mâles devaient obtenir le consentement de leur père, de leur aïeul, etc. Voici la raison de cette différence. Le chef de famille avait seul le pouvoir de faire sortir de sa famille ses descendants; mais il ne pouvait pas, sans le consentement de ceux qui devaient lui succéder à la puissance paternelle, introduire des nouveaux membres dans la famille, leur donner des héritiers malgré eux (3).

Ces personnes qui étaient, comme nous venons de le voir, appelées à donner leur consentement pour la perfection du mariage contracté par celui qui est sous leur puissance, ces personnes ne pouvaient le refuser sans de justes motifs. Les proconsuls et les présidents de pro-

(1) D. *de Rit. nup.*, l. 16, § 2.
(2) Cod. *de Nupt.*, l. 18-20.
(3) D. *de Rit. nup.*, l. 16, § 1.

vince pouvaient contraindre un chef de famille à marier ses descendants (1).

Lorsque le chef ou les membres de la famille qui étaient appelés à donner leur consentement pour la validité du mariage, était dans l'impossibilité de le manifester, diverses règles étaient à suivre; elles différaient selon les circonstances.

Si l'empêchement de consentir était la conséquence de la folie, on permettait en général le mariage. Plusieurs jurisconsultes refusèrent cette faveur au fils de famille, cela en se basant sur une raison analogue à celle que nous avons déjà fait connaître; ils disaient que si, dans ce cas, on permettait le mariage au fils de famille, il arriverait que celui-ci introduirait des nouveaux membres dans la famille, cela sans le consentement du *pater familias*. Justinien fit cesser cette incertitude qui existait dans beaucoup d'esprits. Il permit le mariage au fils comme tous l'avaient permis à la fille; il exigea seulement que les parents les plus notables de la famille eussent agréé le choix des futurs époux (2).

Si le chef de famille ou la personne appelée à consentir était absent ou prisonnier de guerre chez l'ennemi, après trois ans d'absence ou de captivité, les membres de la famille pouvaient valablement contracter de Justes Noces (3).

Justinien abrogea cette disposition, et déclara que le fils pourrait se marier à quelle époque que ce fût; parce que, dit-il, si le père ne peut donner son consentement au mariage, il ne peut pas non plus s'y opposer (4).

(1) D. *de Rit. nup.*, l. 19.
(2) C. *de Nupt.*, l. 25.
(3) D. *de Rit. nup.*, l. 9, § 1-10.
(4) Nov. 22, ch. 9, § 3.

Le consentement des ascendants était, disons-nous, indispensable pour la validité du mariage ; aussi, le mariage contracté au mépris de ces dispositions de lois, ne devait-il produire aucun effet. Cependant, si le consentement du chef de famille était donné dans la suite, ce consentement ne pouvait, sans doute, avoir d'effet rétroactif; mais, dès ce moment, le mariage devenait parfait et commençait à produire tous ses effets. La loi 4, au titre *de ritu nuptiarum,* autorise cette déduction.

§ 3. — Avec la puberté, avec le droit de donner un consentement valable, on avait sans doute la capacité absolue de contracter de Justes Noces, mais ces deux qualités ne suffisaient pas. Il fallait encore la capacité relative de s'unir à la personne avec laquelle on voulait contracter mariage ; il fallait avoir le *connubium* (1).

La qualité des contractants, la parenté et l'alliance jusqu'à certains degrés, l'exercice de certaines fonctions, l'inégalité de conditions, rendaient les Justes Noces impossibles.

Faisons quelques observations sur chacun des cas qui pouvaient se présenter.

1° Pour pouvoir contracter de Justes Noces, il fallait, avant tout, être membre de la cité romaine, il fallait avoir le titre de citoyen romain.

Cependant, on étendait quelquefois le *connubium* avec des femmes Latines ou Pérégrines (2).

Le mariage contracté malgré ces prohibitions était nul. Si cependant on prouvait que cette union avait été contractée à la suite d'une erreur sur la qualité de la personne que l'on avait épousé, le mariage pouvait être

(1) Ulp., t. v, §§ 2, 3.
(2) G. Com, 1, § 56.—Ulp., t. v, § 4.

validé ; et il produisait, tous les effets des Justes Noces. Le mari avait la puissance paternelle, la femme et les enfants acquéraient le droit de cité romaine (1).

Il résulte de ces principes que, dans l'origine, les Justes Noces étaient le partage des seuls habitants de Rome. Plus tard, elles furent permises aux habitants de quelques villes privilégiées du Latium, qui obtinrent le titre de citoyen romain ; plus tard encore, elles furent le partage de tous les peuples de l'Italie. Enfin, une constitution de l'empereur Caracalla appela tous les sujets de l'empire à l'honneur que donnait le titre de citoyen, et à la jouissance des priviléges et des avantages qui étaient attachés à cette qualité.

La condition des esclaves les rendait incapables de contracter les Justes Noces. Leur union ne produisait aucun effet civil (2).

2° La parenté civile (*agnatio*), et la parenté naturelle (*cognatio*), alors surtout que cette dernière résultait des Justes Noces, étaient souvent une cause d'empêchement au mariage. Le *connubium* n'existait pas, entre parents, à certains degrés.

Ainsi, entre parents en ligne directe, le mariage n'était jamais possible ; peu importait le degré de parenté (3).

En ligne collatérale, le mariage était, dans le principe, prohibé entre parents jusqu'au quatrième degré exclusivement (4) ; même, dans certains cas, les parents au quatrième degré ne pouvaient pas contracter ensemble de Justes Noces ; cela, lorsque ces collatéraux se tenaient

(1) Gaius, §§ 67 et suiv.
(2) Ulp., t. v, § 5.
(3) Ulp., t. v, § 6. — Inst., l. 1, t. x, § 1.
(4) Ulp., t. v, § 6.

réciproquement lieu d'ascendant et de descendant (1).

L'influence du christianisme fit aussi défendre par quelques empereurs le mariage entre cousins, parents au quatrième degré, mais cet empêchement fut de peu de durée ; une constitution d'Arcadius et Honorius vint faire cesser à jamais cette prohibition (2).

Les Justes Noces furent cependant quelque temps permises entre parents au troisième degré; entre un citoyen romain (oncle) et la fille de son frère (nièce) (3). Un senatus consulte introduisit cette exception, pour que Claude put épouser la fille de son frère. Cette exception, restreinte au seuls cas des mariages entre l'oncle et la nièce, fut maintenue jusque sous Constantin. Ce prince abrogea ce senatus consulte et fit revivre les premières prohibitions dans toute leur étendue (4).

Lorsque la cause qui produisait l'empêchement venait à ne plus exister, l'empêchement disparaissait. Ainsi, lorsque la parenté à un degré où le mariage était prohibé, venant à cesser, ces personnes pouvaient, dès lors, contracter ensemble de Justes Noces.

Ce cas, qui ne pouvait jamais se présenter pour la parenté naturelle, la *cognatio*, pouvait être lorsque la parenté civile existait seule, lorsque l'*agnatio* avait été produite par l'adoption. L'émancipation de l'un des futurs époux pouvait faire cesser la parenté, et le *connubium* reprenait son existence (5).

Cependant les Justes Noces, après l'émancipation,

(1) D. *de Rit. nup.*, l. 39.
(2) Cod. *de Nupt.*, l. 19.
(3) Ulp., t. v, § 6.—Gaïus, Com. 1, § 62.
(4) C. Th. *de Inc. nup.*, l. 1.
(5) D. *de Rit. nup.*, l. 55, § 1.

n'étaient possibles qu'entre les personnes pour lesquelles l'adoption n'avait produit qu'une parenté collatérale ; elles ne l'étaient pas pour les personnes entre lesquelles la parenté en ligne directe avait existé (1). Ces rapports intimes, cette filiation fictive qui avaient existé, rendaient à jamais le mariage impossible.

Le Droit civil de Rome n'eut presque aucun égard pour la parenté purement naturelle ; cependant, pour ce qui est des empêchements au mariage, cette parenté eut presque les mêmes effets que la parenté civile ; et cela quoique cette parenté eut pris naissance en dehors des Justes Noces. Les jurisconsultes décidaient, que pour ce qui est de la capacité relative des époux, il fallait se soumettre aux règles du Droit naturel et de la pudeur (2).

Ainsi, le concubinat, que les lois romaines avaient toléré à côté des Justes Noces, produisait des empêchements au mariage. Le père ne pouvait épouser la fille qu'il avait eu d'une concubine ; le frère ne pouvait épouser sa sœur naturelle, la fille que son père avait eu d'une concubine.

Les empêchements aux Justes Noces étaient les mêmes lorsque la parenté naturelle ne résultait pas d'un concubinat, mais bien d'un commerce illicite et non reconnu par les lois (*stuprum*) (3).

De même, l'union des esclaves (*contubernium*), donnait naissance à une parenté naturelle, qui, après l'affranchissement, était un empêchement au mariage légitime (4).

(1) Gaïus, Com. I, § 59.
(2) D. *de Rit. nup.*, l. 14, § 2.
(3) D. *de Rit. nup.*, l. 54.
(4) D. *de Rit. nup.*, l. 8-14, § 2,

Dans tous ces cas, le droit du sang (*jus sanguinis*) prenait la place du droit strict et conciliait les usages avec le respect dû aux bonnes mœurs (1).

L'alliance, résultat de certains rapports purement civils entre un des époux et les parents de l'autre époux, produisait certains empêchements aux Justes noces, empêchements qui prenaient naissance au moment même où le mariage, qui avait produit ce lien, cessait d'exister. Avant la dissolution du mariage, l'empêchement aux Justes Noces, était, comme nous le verrons plus tard, la conséquence d'un mariage préexistant.

Entre alliés en ligne directe, l'empêchement aux Justes Noces était tout aussi étendu que celui qui existait entre parents. On ne pouvait jamais épouser celle qui avait été liée par les Justes Noces à l'un de ses ascendants ou à un de ses descendants (2).

En ligne collatérale, les empêchements produits par l'alliance étaient bien moins étendus que ceux produits par la parenté.

Avant Constantin, l'alliance en ligne collatérale ne produisait même aucun empêchement. Ce prince fut le premier qui, par une de ses constitutions, défendit les Justes Noces entre certains alliés au deuxième dégré, entre ceux qui avaient été beau-frère et belle-sœur (3).

Les empereurs Valentinien, Théodose et Arcadius renouvelèrent cette prohibition (4).

L'alliance en ligne collatérale au deuxième degré, n'était pas dans tous les cas un empêchement au mariage.

(1) Théop. par. des Inst., l. 1, t. x, § 10.
(2) D. *Rit. nup.*, l. 14, § 4. — Inst., l. 1, t. x, §§ 6-7.
(3) C. Th., *de Inc. nup.*, l. 2.
(4) C. *de Inc. nupt.*, l. 5.

Les Institutes nous apprenent que deux enfants issus avant le mariage, chacun de l'un des époux et d'un autre que son conjoint, pouvaient contracter un mariage valable (1).

L'alliance naturelle était aussi un empêchement au mariage; le fils ne pouvait pas épouser celle qui avait été la concubine de son père (2). Après l'affranchissement, le fils ne pouvait pas épouser celle qui avait été unie à son père par le *contubernium*, et réciproquement (3).

Lorsqu'au mépris de ces lois basées sur le droit positif ou sur le droit naturel, une union avait été contractée, elle était qualifiée incestueuse; les Justes Noces n'existaient pas; le mariage était absolument nul et sans effets.

Par une telle union, le citoyen Romain ne s'était pas donné une épouse; les enfants qui en étaient issus n'étaient pas sous sa puissance, ils étaient réputés vulgairement conçus (*spurii vel vulgo quæsiti*). Ils étaient incapables de succéder à leur auteur et d'en rien recevoir, même par personne interposée (4).

Ceux qui avaient contracté une telle union étaient, de plus, frappés de certaines peines; les unes étaient pécuniaires, les autres corporelles.

Ainsi, les libéralités faites à l'occasion de cette union par un des prétendus époux en faveur de l'autre, étaient confisquées et adjugées au fisc (5).

Si le coupable avait déjà des enfants légitimes, ceux-

(1) Inst., l, 1, t. x, § 8.
(2) C. *de Nup.*, l. 4.
(3) D. *de Rit. nup.*, l. 14, § 3.
(4) Cod. *de Inc. et inut. nup.*, l. 6.—Nov. 89, ch 15.
(5) Cod. *de Inc. nupt.*, l. 4.

ci devenaient *sui juris*, par le fait même de l'union criminelle de leur auteur. Ils succédaient immédiatement à tous ses biens et ne lui devaient que des aliments. Si le coupable n'avait pas d'héritiers, ses biens étaient dévolus au fisc (1).

Outre les peines de la confiscation des biens, le coupable devait encore subir des peines corporelles. Il perdait les dignités dont il était revêtu; il était condamné à l'exil. Quelquefois même la peine de mort était encourue. On infligeait aussi dans certains cas la peine du fouet, et cela, lorsque le coupable était de basse condition.

Cette législation si sévère, ne frappait pas ceux qui avaient contracté une telle union par suite d'une erreur invincible, où qui s'étaient laissés entraîner par leur jeunesse. Dans ces cas, le mariage produira momentanément tous ses effets, pourvu qu'ils rompent cette union, dès qu'ils auront atteint leur majorité, dès qu'ils auront découvert leur erreur (2).

3° Le consentement des contractants devait être libre; et celui qui était la conséquence d'une violence physique ou morale, qui était, pour ainsi dire, arraché par une influence souvent irrésistible, ne suffisait pas pour la valadité des Justes Noces; le mariage contracté dans de telles conditions était nul, nous l'avons déjà vu, les lois romaines ne lui donnaient aucun effet.

C'étaient les circonstances particulières à chaque cas qui permettaient de juger si le consentement n'avait pas été libre. C'était à celui qui demandait la nullité à

(1) Nov. 12, ch. 1.

(2) Gaius, Com. 1, § 67. — D. *de Rit. nup.*, l. 57. — C. *de Inc. nup.*, l. 4.

prouver le défaut de liberté. Jusqu'à cette preuve, le mariage produisait ses effets.

Cependant, dans certains cas, la position respective des personnes qui contractaient les Justes Noces, fut, aux yeux des législateurs de Rome, une présomption suffisante pour établir que le consentement n'avait pas été libre; et pour éviter une incertitude, souvent invincible, le mariage fut prohibé entre certaines personnes.

Ainsi, celui qui administrait une province, ne pouvait épouser ou donner en mariage, à son fils, une femme qui habitait cette province, ou qui en était originaire (1).

De même, un tuteur ou un curateur ne pouvait épouser sa pupille avant qu'elle eût atteint l'âge de vingt-six ans, à moins qu'elle ne lui eût été promise en mariage par son père. Ils ne pouvaient pas non plus la donner en mariage à leur fils (2). On craignait que l'influence du tuteur sur sa pupille ne vînt arracher son consentement; on craignait que le tuteur ne se servît de ce moyen pour éviter de rendre ses comptes de tutelle.

L'union ainsi contractée ne produisait aucun effet. Le tuteur et son fils étaient tous les deux, même lorsque celui-ci était *sui juris*, notés d'infamie (3).

4° L'inégalité de condition fut, à Rome, un empêchement au mariage. La législation a éprouvé bien des changements en cette matière, changements dictés, le plus souvent, par le besoin de mettre les lois en harmo-

(1) D. *de Rit. nup.*, l. 38.
(2) D. *de Rit. nup.*, l. 66.
(3) *Idem.*

nie avec les mœurs de l'époque; quelquefois aussi par le despotisme des législateurs.

La loi des XII Tables défendait le mariage entre les patriciens et les plébéïens. Quelques commentateurs de cette loi ont expliqué cette disposition en disant : que les décemvirs craignaient que si les patriciens et le peuple venaient à s'unir, ils ne tournassent contre eux cette ancienne animosité dont ils avaient tant d'intérêt d'empêcher l'extinction, leur but étant de ne pas abdiquer leur magistrature et de perpétuer leur tyrannie.

Quoiqu'il en soit, le règne de cette disposition devait être de peu de durée, et six ans après, la loi *Canuleïa* faisant cesser cette prohibition, permit le mariage entre les deux classes.

Ce Plébiscite laissa cependant exister l'empêchement aux Justes Noces entre les ingénus et les affranchis; ce fut les lois Papiennes qui, plus tard, vinrent permettre ces mariages, en maintenant toutefois la défense du mariage entre les sénateurs ou leurs enfants avec les affranchis (1).

Ces lois qui cherchaient à étendre le nombre des personnes entre lesquelles le *connubium* existait, défendirent pourtant les mariages des ingénus avec les comédiennes, les prostituées et les femmes condamnées sur une accusation publique (2).

Constantin étendit encore les empêchements et défendit le mariage des sénateurs avec les personnes de condition vile ou abjecte (3).

Une loi uniquement motivée par les liens qui unis-

(1) D. *de Rit. nup.*, l. 23.—Ulp. *Reg.*, t. XIII, § 1.
(2) D. *de Rit. nup.*, l. 41 et suiv.—Ulp., t. XIII, § 2.
(3) Cod. *de Nat lib.*, l. 1,

saient au législateur celui à la sollicitation duquel elle fut rendue, permit le mariage avec les comédiennes lorsqu'elles avaient abandonné leur profession; et bientôt après, une Novelle de Justinien vint faire cesser tous les empêchements créés par la constitution de Constantin (1).

Sous l'influence du christianisme, le mariage fut aussi défendu entre une juive et un chrétien et réciproquement (2).

De même que dans les cas précédents, lorsqu'une union était contractée sans respect pour les dispositions de ces lois, il n'y avait pas de Justes Noces; l'union ainsi contractée, ne produisait aucun effet. Les peines infligées à ceux qui avaient contracté de pareilles unions, nous les connaissons déjà. C'était la confiscation des biens; c'était la peine de mort pour le *stuprum* avec violence, et la rélégation dans les autres cas.

§ 4. —Nous devons rappeler encore que les Romains repoussèrent la polygamie; ils comprirent combien la plurialité des femmes était contraire aux intérêts de la famille. Celui qui était déjà uni par les liens d'un premier mariage ne pouvait pas contracter une seconde union (3). Les peines dont nous venons de parler, étaient applicables à celui qui avait contrevenu à ces dispositions.

III. — *Quels étaient les effets des Justes Noces quant à la personne des époux.*

Lorsque la loi des XII Tables eut donné à la femme

(1) Cod. *de Nup.*, l. 23.—Nov. 117, ch. 6.
(2) C. *de Judeis*, l. 6.
(3) Gaïus, C. 1, § 62.—Paul, l. 2, t. XIX, § 5.

le moyen de s'affranchir de la puissance maritale, les rapports qui résultèrent du mariage furent différents entre époux, selon que la femme était où n'était pas tombée *in manu mariti*.

1° Les mariages sans la *manus* devinrent de plus en plus fréquents; ils finirent par être aussi nombreux que ceux qui donnaient naissance à la puissance maritale. D'abord, les femmes inclinèrent vers ces unions, parce qu'elles y trouvaient un moyen de conserver la propriété de leurs biens. Plus tard elles voulurent aussi se ménager la faculté de divorcer. Et lorsque le christianisme prit naissance à Rome, les femmes cherchèrent ainsi à se mettre sous une moindre dépendance de leur mari qui souvent était d'une religion différente (1).

Lorsque les Justes Noces étaient ainsi contractées sans la *manus*, la femme (*uxor*) ne sortait pas de sa famille. La seule subordination que le droit naturel prescrit comme conséquence du mariage, et qui se réduit en général au devoir d'obéissance et de respect, était, à l'égard du mari, le résultat des Justes Noces. Quoique la femme fût encore *filia familias*, quoiqu'elle fût encore sous la puissance de son ascendant, cette subordination devait nécessairement exister. Les effets de la puissance paternelle devaient cesser dès qu'ils se trouvaient en contradiction ou qu'ils étaient de nature à modifier les droits du mari.

De son côté, le mari (*vir*), par une juste réciprocité, contractait des obligations vis à vis de son épouse. Non seulement par le mariage elle était associée à l'éclat de ses honneurs et de ses dignités, mais encore, il devait

(1) Les mariages mixtes furent très fréquents à Rome.

la protéger, il devait subvenir à tous les besoins de son existence.

2° Souvent, l'épouse romaine passait sous la puissance de son mari. L'*usus*, la *confarreatio* ou la *coemptio* venaient donner naissance à ce pouvoir; à la *manus*.

Nous l'avons déjà fait observer; avant les XII Tables, la femme devait nécessairement tomber *in manu mariti*. Si la *confarreatio* ou la *coemptio* n'avaient pas donné naissance à la *manus* au moment même de la célébration du mariage, par suite d'une assimilation de la femme aux choses, on décidait que la cohabitation non interrompue durant une année, plaçait la femme sous la puissance de son mari, l'usucapion était pour celui-ci un moyen d'acquérir ce droit de puissance. La loi des XII Tables donna à la femme le moyen de s'affranchir de la *manus*; ce moyen nous l'avons déjà fait connaître.

Quelquefois, la *manus* prenait naissance au moment même de la célébration du mariage.

Ainsi, par la *confarreatio*, lorsque la jeune romaine était conduite au temple pour y assister au sacrifice qui devait y être offert en présence de dix témoins, le prêtre y consacrait un pain de froment (*farreus panis*), symbole de la communauté universelle qui va exister entre les époux; et après en avoir dispersé des morceaux sur la victime, il en offrait aux époux. Tel était le rite principal de la *confarreatio*; il était accompagné de paroles déterminées et solennelles qui ne nous ont pas été conservées (1).

Ce mode spécial de célébration était particulièrement

(1) Gaïus, c. I, § 112. — Ulp., t. IX.

réservé aux patriciens. Les enfants issus des Justes Noces, consacrées par ces cérémonies, étaient seuls capables de parvenir aux grandes fonctions sacerdotales.

Ce mode de célébration religieuse, était, comme on le voit, lié intimement aux idées du Paganisme; aussi devait-il disparaître sous Constantin.

De même, la *coemptio* produisait la puissance maritale. Lorsqu'en présence de cinq témoins, citoyens romains pubères, et d'un porte balance (*libripens*), le mari tenant la femme avait déclaré qu'elle lui appartenait, et qu'il avait frappé la balance avec la pièce d'airain, prix fictif d'une vente simulée, la femme tombait sous sa dépendance, la *manus* prenait naissance (1).

Les mêmes formalités, les mêmes paroles sacramentelles qui servaient à produire le *mancipium* étaient usitées pour arriver à la *coemptio*. Cependant, comme nous allons bientôt le voir, une différence existait. La femme tombée *in manu mariti* n'était pas dans une condition servile; elle n'était pas assimilée à l'esclave.

L'*usus* était depuis longtemps tombé en désuétude; la *confarreatio* avait cessé d'être en usage à mesure que le christianisme s'était introduit à Rome; la *coemptio* devait disparaître à son tour. En effet, quelque temps avant Justinien, la puissance maritale n'existait plus.

Voyons maintenant quels étaient les effets de la *manus*.

Cette puissance qui dépendait de la volonté des époux *sui juris*, ou de celle des personnes sous la puissance desquels ils se trouvaient, se montre sous des traits barbares et terribles. Elle découle de la même idée que

(1) Gaïus, c. I, §§ 113-22.

la puissance paternelle; c'est un pouvoir souverain mélangé de propriété sur la personne de la femme comme sur ses biens.

Ce droit de propriété sur la femme est cependant moindre que celui du père sur les enfants, car, soit par suite d'une raison de pudeur publique, soit par suite du respect dû à la famille dont la femme était sortie, le mari n'avait pas le droit de vendre sa femme. A part cela, une grande ressemblance existait entre la *patria potestas* et la *manus*.

La femme passait dans la famille de son mari, elle y prenait le rang de fille; elle était regardée comme la sœur de ses propres enfants.

Le mari était le juge de sa femme; il pouvait, de son autorité, la faire mettre à mort. Plus tard, cependant, on exigea la convocation d'un tribunal de famille.

Ce droit de vie et de mort sur la femme ne pouvait exister longtemps, et comme le droit de vie et de mort sur les enfants, il dut sans doute disparaître, même avant que le christianisme eut fait sentir son influence. Dès lors, il ne resta plus aux maris qu'un moyen de se venger de leurs femmes: les divorce.

On ne peut pas bien fixer l'époque précise de l'abolition de ce droit de vie et de mort sur les enfants, et partant, sur la femme. Tout ce qu'on peut donner pour certain, c'est qu'il n'existait plus au temps d'Alexandre Sévère. L'opinion publique, par le massacre d'Enixon, l'avait déjà aboli; et ce prince légalisa ce que l'opinion avait édicté. Le père n'eut plus le droit de mettre à mort son fils, sans que celui-ci fut entendu; il pouvait seulement le traduire devant les magistrats (1).

(1) D. *ad leg. Corn.*, l. 2.—*De leg. Pomp.*, *de Par.* l. 5.—Cod. *de Pat. pot.*, l. 3.

Tels étaient les effets de la *manus* romaine. Comme on le voit, ils étaient la conséquence du despotisme des lois primitives; ils devaient s'affaiblir peu à peu en présence des idées nouvelles qui se développaient, et disparaître enfin sous l'influence du christianisme.

IV. — *Comment les Justes Noces étaient-elles dissoutes?*

Quatre circonstances différentes pouvaient amener la dissolution des Justes Noces. C'était : la mort, la perte de la liberté, la captivité (1) et le divorce (2).

Nous ne nous occuperons ici que du divorce.

Les idées que les Romains avaient sur le mariage, et ce principe qui veut que tout ce qui a été lié soit dissoluble (*quidquid ligatur solubile est*), devaient nécessairement conduire au divorce. Ce résultat était d'ailleurs la conséquence logique de la puissance maritale (car dans le principe, le mari seul pouvait demander le divorce). Le mari qui avait le droit de vie et de mort sur la personne de sa femme, ne devait-il pas, à plus forte raison, pouvoir la répudier?

Si l'on en croit le témoignage de quelques historiens, il faut reconnaître que le divorce s'introduisit à bonne heure dans les lois romaines. Dès le règne de Romulus, le mari était en droit de répudier sa femme dans certains cas déterminés. En dehors de ces cas, le mari qui se serait séparé de sa femme, aurait été dépouillé de tous

(1) Justinien modifia en partie cette législation, il déclara que le mariage continuerait d'exister tant qu'il n'était pas certain que l'époux captif était mort, ou qu'il ne s'était pas écoulé un délai de cinq ans. (Nov. 22, ch. 20).

(2) D. *de Div. et rep.*, l. 1.

ses biens, dévoué aux dieux infernaux et jugé digne de mort.

Les mêmes auteurs nous apprennent aussi que les lois de Romulus n'accordèrent le droit de demander le divorce qu'aux hommes seuls. La loi des XII Tables ne changea rien à ces dispositions.

Quoiqu'il en soit, les Romains n'usèrent pas fréquemment de ce droit qu'on leur avait accordé. Dans les premiers temps, le divorce resta sans application, et le premier qui eut lieu fut regardé comme un fait si remarquable, que les historiens nous ont transmis le nom du Romain qui, le premier, usa du droit que les lois lui accordaient. Ce fut Spurius Carvilius Ruga, qui, après plus de cinq siècles, vint faire valoir les lois sur le divorce.

Une loi vint, à son tour, donner aux femmes le droit de demander le divorce.

Jusqu'ici nous avons dû nous appuyer sur le témoignage des historiens ; les recueils de lois ne présentent aucun monument qui puisse servir à expliquer la législation primitive sur le divorce. Nous allons maintenant étudier les textes de lois qui nous ont été conservés, et voir à quelles conditions le divorce était soumis ? quelles étaient les formalités requises pour arriver au divorce ? mais, avant, disons quelles causes amenèrent cette législation régulatrice.

Les Romains, dans les premiers temps, ne s'étaient pas servis du divorce, mais, vers la fin de la République, après le premier exemple, l'usage en devint fréquent, et le relâchement des mœurs conduisit aux abus les plus excessifs.

On vit des mères provoquer leur gendre au divorce,

afin de pouvoir ensuite satisfaire, à l'abri de la loi, leurs amours criminelles ;

Des maris, par un honteux calcul, faire fortune en épousant des femmes impudiques, afin de gagner leur dot par le divorce ;

Des hommes, dont l'histoire ne méconnait pas la vertu, répudier leur femme afin de pouvoir payer leurs dettes avec la dot d'une seconde épouse ;

D'autres, enfin, divorçaient sans raison ; on divorçait pour se remarier et rompre encore cette nouvelle union.

De leur côté, les femmes qui ne se voyaient ni protégées par leurs vertus, ni récompensées de leur affection, se livrèrent aux plus honteux déportements. Dès lors, l'adultère ne fut plus regardé comme un crime ; les femmes ne rougissaient plus de divorcer, depuis que les dames, illustres par leur naissance, ne comptaient plus leurs années par le nombre des consuls, mais par le nombre de leurs maris.

Tel était l'état de la société romaine, lorsque Auguste chercha à la réformer ; et après avoir profité du divorce pour lui-même, il sentit le besoin de lui imposer de justes bornes.

Pour atteindre ce but, il assigna certaines formes solennelles au divorce, et il prononça des peines contre ceux qui outrageaient les mœurs. Ces peines étaient, en général, pécuniaires (1).

Cependant, il était au dessus des forces de cet Empereur et de ses successeurs de réformer une société si profondément ébranlée. La religion du Christ seule devait, plus tard, obtenir ce résultat.

(1) D. *Und. vir. et ux.*, l. 1. — *De Div.*, l. 9. — *Ad leg. Jul.*, l. 43.

Les empereurs chrétiens furent, en effet, tous mus par la pensée de créer des obstacles au divorce. Par les conditions auxquelles ils le soumirent, ils voulurent le rendre difficile, sinon impossible, et donner ainsi au mariage tout le respect qui lui est dû. Ils n'osèrent pas cependant aller jusqu'à le proscrire d'une manière formelle, ils le réglementèrent, mais ils le laissèrent exister dans les lois.

En effet, Constantin, en présence de peuples si divers d'origine et de religion, n'osa le proscrire d'une manière absolue. Seulement, par une de ses constitutions, il prononça des peines contre ceux qui demandaient le divorce sous de prétextes frivoles (1).

Une constitution de Valentinien et Théodose, et les Novelles de Justinien, vinrent, à leur tour, compléter la législation.

Il résultait de ces principes nouveaux que le divorce pouvait avoir lieu, soit par le consentement des deux époux, soit par la volonté d'un seul.

Il est inutile, comme le fait observer Justinien, de s'occuper du premier cas ; les parties réglaient, alors, à leur gré, leurs intérêts (2). Cependant, rappelons que ce prince restreignit bientôt le divorce par consentement mutuel à un seul cas : au cas ou l'un des époux qui le demandaient avait l'intention de vivre dans l'abstinence et la chasteté. Dès lors, il ne pouvait pas se remarier sans encourir certaines peines (3).

Dans le second cas, celui qui demandait le divorce, devait fonder sa demande sur un motif raisonnable ; il

(1) C. Th. *de Rep.*, l. 1.
(2) Nov. 22, ch. 4.
(3) Nov. 117, ch. 10.

ne pouvait l'obtenir qu'en s'appuyant sur une des causes énumérées dans la constitution des empereurs Valentinien et Théodose. Cette constitution est rapportée au Code, au titre *de repudiis*.

Si l'un des époux envoyait le libelle de divorce sans un de ces justes motifs, il était frappé des peines prononcées par la loi; peines qui étaient principalement pécuniaires.

Pour qu'il y eut divorce, il fallait chez les époux l'intention de se séparer pour toujours. Le divorce devait être réel et sincère (1). Mais le seul consentement ne suffisait pas comme pour la formation des Justes Noces. Il fallait que l'intention fut manifestée par un libelle de divorce, présenté par un affranchi à l'époux auquel il le signifiait en présence de sept témoins.

Chacun des époux pouvait, en général, demander le divorce; cependant l'affranchie que son patron avait épousée ne pouvait le demander malgré lui (2).

Par le divorce, les deux époux devenaient libres de toute union; ils pouvaient contracter un nouveau mariage. Mais la femme de pouvait se remarier qu'après l'expiration d'une année si c'était elle qui avait demandé le divorce, et après cinq années, si le divorce avait été obtenu contre elle (3).

(1) D. *de Div.*, l. 3.
(2) D. *de Div.*, l. 10.
(3) C. *de Sec. nup.*, l. 2. — *De Rep.*, l. 8, § 4.

APPENDICE.

Dans la législation sur les Justes Noces on trouve une époque où les législateurs, poussés par la nécessité, durent un instant déroger aux principes établis, et par des lois despotiques, mais nécessaires, chercher à relever la société romaine au moment de sa perte. Ces lois nous devons encore les étudier.

Vers la fin de la République, l'abus du divorce et le relâchement des mœurs rendirent les mariages de plus en plus rares. Les célibataires, autrefois flétris par les censeurs, devenaient des personnages considérés et importants; le célibat était chose de mode et si commune que les consuls eux-mêmes n'étaient pas mariés, et pour les remplacer, comme cela devait être, on ne trouvait pas des citoyens dignes de cet honneur. Avec la rareté des mariages, avec la guerre et les proscriptions, Rome allait manquer de citoyens.

Auguste résolut de guérir ce mal; et pour accomplir cette tâche, il fut obligé d'employer des moyens inspirés plutôt par la nécessité que par la raison.

Réhabiliter les Justes Noces; rendre les mariages de plus en plus fréquents en décourageant du célibat, tel fut le but des lois connues généralement sous le nom de lois Papiennes.

Une première loi, la loi *Julia* fut d'abord repoussée; on la rejeta, parce qu'elle prononçait des peines trop sévères.

Plus tard, *M. Papius* et *Q. Poppeus* présentèrent une nouvelle loi dans laquelle ils avaient adouci la rigueur des peines; cette loi fut reçue. Elle contenait plusieurs chefs empruntés à la loi *Julia* et plusieurs dispositions nouvelles.

Nous connaissons déjà le premier chef de cette loi, nous l'avons rappelé en parlant du *connubium*. Cherchant de plus en plus à atteindre le but qu'ils se proposaient, à rendre les mariages de plus en plus nombreux, les rédacteurs de cette loi comprirent qu'il fallait restreindre les causes d'empêchement au mariage; aussi permirent-ils les mariages entre les deux ordres.

De même, par ce premier chef, ils déclarèrent non écrite la clause de ne pas se marier, imposée quelquefois dans les testaments ou les affranchissements.

Nous connaissons aussi les dispositions qui vinrent réglementer le divorce.

D'autres chefs de cette loi annulaient les mariages restés stériles et forçaient les époux à se séparer pour contracter une nouvelle union. Dès lors, les secondes noces furent non seulement encouragées, mais commandées.

D'autres chefs de cette loi et les senatus consultes *Claudien* et *Calvisien* qui vinrent en étendre l'application, ne reconnaissant au mariage d'autre but que la procréation des enfants, annulaient les mariages contractés par des hommes de plus de 60 ans ou par des femmes de plus de 50 ans. L'union eut-elle été féconde, elle n'avait pu produire aucun effet, il n'y avait pas eu Justes Noces, il n'y avait pas eu d'enfants *légitimes*.

Prenant les Romains par leur côté faible, l'avarice, ces lois accordèrent des prérogatives à la personne mariée, de plus grandes encore à celle qui avait plusieurs enfants. Non seulement elles donnaient des places distinctes dans les assemblées; accordaient des dispenses d'âge pour obtenir des places; affranchissaient de la tutelle perpétuelle l'ingénue mère de trois enfants et l'affranchie qui en avait quatre, mais encore elles faisaient dépendre le sort des libéralités qui leur avaient été faites de leur qualité de personne mariée, et du nombre de leurs enfants.

Ainsi, deux époux ayant trois enfants pouvaient se donner tous leurs biens; ceux qui n'en avaient pas ne pouvaient réciproquement se faire des libéralités que jusqu'à concurrence d'un dixième.

Toujours poussés par les mêmes idées, les rédacteurs de ces lois frappèrent de nullité les libéralités faites à un célibataire (*cœlebs*) (1), et déclarèrent que celui qui est marié et qui n'a pas d'enfants (*orbus*) (2), ne pourrait recevoir d'un autre que son époux, que la moitié de ce qu'il eut pu recevoir si son mariage eut été fécond. Les parts caduques étaient attribuées à ceux qui avaient des enfants; à défaut de ceux-ci, elles appartenaient au fisc, ces lois augmentaient encore les droits de patronage sur les biens des affranchis, et cela, en proportion du nombre des enfants du patron.

Telles furent ces lois Papiennes qui devaient donner des citoyens à Rome en forçant les Romains à se marier pour avoir des héritages, chose pour eux alors bien im-

(1) On appelait *cœlebs*, l'homme non marié, âgé de plus de vingt ans et de moins de soixante, et la femme non mariée âgée de plus de vingt ans et de moins de cinquante.

(2) L'*orbus*, était celui qui, âgé de plus de vingt-cinq ans et de moins de soixante, étant marié, n'avait pas d'enfants, au moins adoptifs.

portante. Mais ces lois n'atteignirent pas tout le but que ses rédacteurs s'étaient proposé ; elles ne purent rendre au mariage tout son éclat et la considération qui lui est due. Des lois civiles et politiques ne pouvaient accomplir cette œuvre régénératrice ; elle devait être le résultat d'une influence bien plus puissante, du christianisme, et cette influence devait même commencer par faire disparaître ces lois.

Caracalla avait déjà supprimé les priviléges de la paternité, relatifs aux parts caduques ; Constantin supprima les peines du célibat ; enfin, Justinien abrogea textuellement ces lois que l'on peut appeler de circonstance, écrites pour les besoins d'une époque, et qui devaient nécessairement être repoussées en présence du moyen plus puissant et plus sûr.

Contraste insuffisant

NF Z 43-120-14

www.ingramcontent.com/pod-product-compliance
Lightning Source LLC
Chambersburg PA
CBHW071428200326
41520CB00014B/3607

* 9 7 8 2 0 1 1 2 5 9 5 3 0 *